LE TORÉADOR,

ou

L'ACCORD PARFAIT,

OPÉRA BOUFFON, EN DEUX ACTES,

PAR M. T. SAUVAGE,

MUSIQUE DE M. ADOLPHE ADAM (DE L'INSTITUT),

REPRÉSENTÉ, POUR LA PREMIÈRE FOIS, A PARIS, SUR LE THÉÂTRE NATIONAL DE L'OPÉRA-COMIQUE, LE 18 MAI 1849.

DISTRIBUTION DE LA PIÈCE.

DON BELFLOR, toréador en retraite....	M. BATTAILLE.
CORALINE, sa femme.................	Mme UGALDE-BEAUCÉ.
TRACOLIN.........................	M. E. MOCKER.

En Espagne, à Barcelonne.

ACTE I.

Un jardin entouré de murs. — Au delà du mur, au fond et à gauche, la rue. — Des maisons dont les fenêtres dominent le jardin.— Une porte, dans le mur, à gauche.— A droite, au deuxième plan, la maison d'habitation, précédée par un portique surmonté d'une terrasse. — En face du public, une large baie, garnie de rideaux avec tablette en dedans, à hauteur d'appui.—Sur la tablette, papier et écritoire. —Une guitare. — En scène, des chaises de jardin, à droite et à gauche. — A droite, près du portique, une table.

SCÈNE I.

(*Le jour commence à paraître.*)

DON BELFLOR, CORALINE. (*Musique. — Don Belflor, enveloppé d'un manteau, sort mystérieusement de la maison, il jette un regard sur les fenêtres, il écoute: tout est tranquille: rassuré, il se dirige vers la porte, à gauche.—Coraline arrive doucement sous le portique. Don Belflor a ouvert la porte, il retire la clef, sort; on l'entend fermer à double tour.*)

SCÈNE II.

CORALINE, *à la fenêtre du portique.*

Il part!
    Elle entre en scène.
    Il est parti!
        Fin de la musique.
        Je ne suis pas jalouse...
Mais choisir une jeune épouse,
Pour l'abandonner jours et nuits...
La laisser seule, en proie aux soucis, aux ennuis...
N'est-ce pas d'une âme bien noire?
Voilà mon sort!
        Au public.
        Qu'en dites-vous?
Mais, puisqu'ici nous sommes entre nous,
Je veux vous conter mon histoire :
Sur les théâtres de la foire,
    Saint Laurent ou Saint-Germain,

ACTE I, SCÈNE II.

Le public accueillait, naguère, une Espagnole :
 Coraline, au minois mutin :
  L'amante, toujours vive et folle
  Du tendre et fidèle Arlequin...
Coraline, Messieurs,
   Faisant une révérence.
    C'est moi, votre servante;
 Honnête fille, je m'en vante !
 Oui, Messieurs ; car je rebutais
 Lelio, Mario, Scapin, mes camarades ;
 Je refusais les tendres ambassades
 Des beaux marquis, des financiers coquets;
Enfin je me montrais insensible aux œillades
D'un *Flautino primo*, qu'à mes pieds je voyais...
Dans l'orchestre... et, pourtant, il était bien aimable,
Ce pauvre Trécolin! que d'amour dans ses traits...
  De flûte !... il est, ma foi, probable
Qu'un jour aurait pu voir s'adoucir ma fierté ;
  Par bonheur pour ma chasteté,
Je reçus de mon oncle, Alcade à Barcelonne,
  La ville où je suis aujourd'hui,
  Une épître... longue d'une aune!...
  Je vous en épargne l'ennui ;
  Voici le fond de tout son verbiage :
— « A l'instant renoncer au théâtre... à Paris,
« Pour prendre, de sa main, la perle des maris...
« A mon refus, il porte ailleurs son héritage. »
— Non pas ! — je pars... j'arrive. En habit de voyage,
On m'entraîne à l'église, où tout est apprêté...
Je demande : quel est cet époux que j'ignore?...
— « Mais, don Belflor! Toréador!!... » c'était sonore,
  Et promettait quelque solidité....
Tout s'accomplit dans l'ombre!.... Ô nuit, que je déplore!...
  — Pour éviter un sort pareil,
Mesdames, choisissez vos époux au soleil ;
  Car on ne peut, en semblables affaires,
  Y voir trop clair ! — Quand vinrent les lumières,
Qu'aperçus-je, Messieurs?... un galant jouvenceau,
Qui, depuis soixante ans, doit marcher sans lisières;
  Infiniment plus laid que beau !...
Je voulus protester : le nœud de l'hyménée

Etait serré... l'ou m'avait enchaînée ;
Eh bien ! j'enragerais tout bas,
Du guet-apens je ne me plaindrais pas ;
Ce qui m'irrite et m'exaspère,
C'est de voir un magot, que l'on croirait mon père,
Toutes les nuits sortir, aller je ne sais où,
   Donner aubades,
   Sérénades....
Vrai, c'est à désirer qu'il se rompe le cou !...
  J'ai fini mes jérémiades.
De mon petit discours pardonnez la longueur,
   Faisant une révérence.
J'avais besoin de soulager mon cœur.

SCENE III.

CORALINE, TRACOLIN, *qu'on ne voit pas.*
(*Tracolin joue, sur la flûte, un prélude très-sentimental.*)

   CORALINE, *écoutant.*

Ah ! voici les accords de la flûte fidèle,
Qui, depuis quelques jours, m'éveille le matin ;
Ce son doux et filé, malgré moi, me rappelle
  Mon pauvre Tracolin !....
  C'est singulier !... chaque refrain,
  D'un Opéra, d'un Vaudeville,
  En s'alliant à son voisin,
  Semble former un sens malin !
  Résultat de ce choix habile...
  (*Tracolin joue la romance de l'Amant jaloux.*)
   Tenez !.... l'entendez-vous ?
   C'est de *l'Amant Jaloux !*

Elle chante :

   « Tandis que tout sommeille,
   » Dans l'ombre de la nuit,
   » L'Amour, qui me conduit,
   » L'Amour, qui toujours veille,
   » Me dit tout bas..... »
 Tracolin joue : R*éveillez-vous, belle endormie.*
   CORALINE, *chantant.*
  « Réveillez-vous, belle endormie,
  » Réveillez-vous, car il fait jour,... »

ACTE I, SCENE III.

Tracolin joue : Charmante Gabrielle.
CORALINE, *chantant.*
« Charmante Gabrielle,
» Percé de mille dards... »

S'interrompant et parlant.
C'est comme s'il soufflait : charmante Caroline.
On comprend...
(*Tracolin joue la ritournelle du duo du Tableau parlant.*)
Bon, à présent,
C'est le *Tableau parlant.*
Le duo de *Pierrot* avec sa *Colombine*...
C'est une déclaration!
Tout cela très-bien se devine...
Délicieuse invention!

Elle chante.
« Je brûlerai d'une flamme éternelle!
» Jusqu'au tombeau je te serai fidèle!
» J'en atteste les dieux... »
Tracolin joue : Dans les Gardes françaises.
CORALINE, *chantant.*
« Dans les Gardes françaises
» J'avais un amoureux;
» Fringant... »

S'arrêtant brusquement et parlant.
Eh! mais!... qu'ai-je entendu!...
Il s'est trahi, je l'ai bien reconnu,
C'est lui, c'est Tracolin!... *Dans les Gardes françaises,*
Il était fifre aussi!...
Il se pourrait!... il est ici!...
Mon cœur!... il faut que tu te taises...
Elle appuie la main sur son cœur et reste un moment accablée par l'émotion. — Une pierre tombe à ses pieds.
Eh bien!... qu'est-ce encor que ceci?
Dans mon jardin, qui donc jette un pierre?
Elle ramasse la pierre.
Un billet!... dois-je lire?... ou me mettre en colère?

ROMANCE.

PREMIER COUPLET.
Je tremble et doute... ici que dois-je faire,
Amour; devoir, pour vous mettre d'accord?
Que n'ai-je, hélas! un guide qui m'éclaire!

Mais je suis seule, et l'amour est bien fort !
Je lis !... que, sur l'absent, en retombe le tort !

 Oui, maris trompeurs et jaloux,
 D'un sort fatal, presque tous,
 Si vous subissez les coups,
 Ne nous accusez pas, nous !
 Aimables, tendres et doux,
 Soupirant à nos genoux,
 En bons et loyaux époux,
  Que ne restez-vous
   Chez vous !
 La musique continue, à l'orchestre, pendant qu'elle lit.

« Madame !... Que ce mot, à mes doigts, a coûté,
» Et que ne puis-je écrire encor mademoiselle ! »
 — Vraiment ! — « Je sais qu'un tyran redouté,
 » Dans une contrainte cruelle,
  » Inhumainement vous retient ;
  » Mais à votre secours l'on vient,
  » Si vous voulez encourager mon zèle,
» En attachant un mot au bout de la ficelle !... »

DEUXIÈME COUPLET.

Avec indignation.
 Le recevoir ! demande téméraire !
 De refuser, je dois faire l'effort !
 Mais, c'est folie !... afin de se distraire,
 Mon cher époux me laisse sans remord...
 J'écris !... que, sur l'absent, en retombe le tort !

 Oui, maris trompeurs et jaloux,
 D'un sort fatal, presque tous,
 Si vous subissez les coups,
 Ne nous accusez pas, nous !
 Aimables, tendres et doux,
 Soupirant à nos genoux,
 En bons et loyaux époux,
  Que ne restez-vous
   Chez vous !
 Elle entre sous le portique, elle écrit en parlant.

Je réponds !... « Jeune homme... » Il importe
De ne pas le nommer... de plus, changeons ma main...

« Votre démarche est un peu forte;
» Mais l'honneur, à vos yeux, ne peut être un mot vain...
» Moi, ma vertu me réconforte...
» Faites-vous donc ouvrir ma porte
» Plutôt aujourd'hui que demain ! »
Je ne signe pas... par prudence !
Elle revient en scène, attache le billet à la ficelle; on voit le tout remonter.
Il est à la réplique, et mon billet s'élance !
TRACOLIN *joue: Ah ! je triomphe! je suis vainqueur !* (De l'Ami de la maison.)

CORALINE.

Quels doux accents de joie et de plaisir !
Il est heureux !
Se laissant retomber sur un siége.
Et moi, je cède
A mon émotion... Je vais m'évanouir !
Se relevant vivement.
Mais, Tracolin a promis de venir !
Quelle ruse va-t-il appeler à son aide ?
Il n'est pas fort aisé de tromper mon jaloux !
A-t-il quelque moyen insinuant et doux ?
Ou bien veut-il de force...
On entend crier Don Belflor, dans la rue.
— « Au secours! on m'assomme ! »

CORALINE.

Mon Dieu ! quels cris !... Serait-ce ?... Hé ! oui, vraiment
C'est don Belflor... Oh ! mais, mais doucement !
Je ne veux pas de mal à ce pauvre homme !...
La porte s'ouvre. Don Belflor paraît, appuyé sur Tracolin.
Il se pourrait ! c'est lui !... c'est Tracolin !...

SCENE IV.

CORALINE, DON BELFLOR, TRACOLIN.

TRIO.

TRACOLIN, *regardant Coraline.*
La voilà,
Là !

CORALINE, *surprise.*
Le voilà,
Là !

DON BELFLOR, *souffrant, éclopé.*
M'y voilà !
 Ah !

CORALINE.
Que veut dire cela ?

TRACOLIN, *la main sur son cœur.*
Quel bonheur je sens là !

DON BELFLOR, *s'asseyant.*
Ah ! je me sens mieux là !

TRACOLIN, *à part.*
La voilà,
 Là !

CORALINE, *à part.*
Le voilà,
 Là !

DON BELFLOR, *à part.*
M'y voilà !
 Ah !

CORALINE, *s'approchant, avec intérêt, de don Belflor.*
Quel bruit viens-je d'entendre ?
Que s'est-il donc passé ?
Ce cri, qui l'a poussé ?

DON BELFLOR, *tandis que Tracolin montre à Coraline que c'est don Belflor qui a été bâtonné.*
L'homme que j'ai blessé !
Il croyait me surprendre,
Mais je l'ai terrassé !

TRACOLIN, *bas à Belflor.*
Chez vous, rien de cassé !

DON BELFLOR, *bas à Tracolin.*
Légèrement froissé !

CORALINE.
Une pâleur mortelle !...

DON BELFLOR, *bas à Tracolin.*
Hein !

TRACOLIN, *bas à don Belflor.*
Vos traits sont défaits !

CORALINE.
Vous tremblez !

DON BELFLOR.
Moi ? jamais !

TRACOLIN.
Jamais ?

ACTE I, SCÈNE IV.

DON BELFLOR.
Que quand il gèle.

CORALINE.
Attendez, un peu d'eau,
Après la peur...
Elle veut s'éloigner.

DON BELFLOR, *la retenant.*
De grâce !...
La peur ! moi, dont l'audace
A vu cent fois en face
Les cornes d'un taureau !

TRACOLIN.
Ah ! quel courage extrême !

A part.

Je comprends le problème,
Il se rase lui-même.

DON BELFLOR.
Apportez-moi plutôt
Du Xérès, c'est plus chaud !
Coraline entre dans la maison.
Oui !...
Vite une bouteille,
Ce vin fait merveille,
Il ranime, éveille,
Et, du plus poltron,
Il fait un luron.

TRACOLIN.
Vive la bouteille !
Le jus de la treille,
Qui ranime, éveille,
Et, du plus poltron.
Fait un fanfaron !

CORALINE, *revenant avec une bouteille et des verres.*
Oui, c'est la bouteille,
Le jus de la treille,
Qui ranime, éveille,
Et, du plus poltron,
Fait un fanfaron !

DON BELFLOR, *bas à Tracolin.*
Sur cette affaire,
Il faut se taire ;
Oui, le mystère
Est nécessaire ;
Vous entendez,

1.

Vous comprenez!
TRACOLIN.

Oui, le mystère
Est nécessaire;
Dans cette affaire,
Il faut se taire,

Regardant Coraline.

Vous entendez,
Vous comprenez?

CORALINE.

Dans cette affaire,
Oui, le mystère
Est nécessaire;
Il faut se taire,
Oui, l'on entend,
Oui, l'on comprend.

ENSEMBLE.

DON BELFLOR, *vivement à Coraline qui s'est approchée de Tracolin.*
Vite la bouteille, etc.

TRACOLIN.

Vive la bouteille, etc.

CORALINE.

Oui, c'est la bouteille, etc.

Coraline sort, après avoir échangé quelques signes d'intelligence avec Tracolin, en emportant la bouteille et les verres.

SCENE V.

DON BELFLOR, TRACOLIN.

DON BELFLOR.

Elle est partie!... Ah! ça, maintenant que nous sommes
Seuls, et comme l'on dit, entre hommes,
Mettons-nous à notre aise, et parlons franchement...
Je ne vous connais pas!

TRACOLIN.

Ni moi, vous!

DON BELFLOR.

Bravement
Vous n'en avez pas moins, d'une âme généreuse,
Comme d'une main vigoureuse,
Pris ma défense, et chassé ces marauds,
Qui lâchement m'insultaient...

ACTE I, SCÈNE V.

TRACOLIN, *riant.*
  Sur le dos !
DON BELFLOR.
Croyez, monsieur, à ma reconnaissance !
TRACOLIN.
Fi ! c'est à moi, bien plutôt, de bénir
Le hasard ou la providence,
A qui je dois l'aimable circonstance
  Qui m'a fait... chez vous, parvenir...
Ce que je désirais...
DON BELFLOR.
  Vous désiriez ?
TRACOLIN.
  Sans doute ;
Et, pour cela, je m'étais mis en route...
DON BELFLOR.
Dans quel but, s'il vous plaît ?
TRACOLIN.
  Eh ! le même, entre nous,
  Qui vous a valu tant de coups,
Et qui m'a procuré cette rencontre heureuse.
DON BELFLOR.
Mais moi, monsieur, c'était une intrigue amoureuse ;
Car, j'ai bien reconnu le bras du vieux jaloux !
L'on ne peut pas, hélas ! faire tant de victimes,
Sans recevoir le prix de ses aimables crimes...
En vain de m'amender je fais le beau projet...
Je mourrai dans l'habit d'un franc mauvais sujet !

AIR.

Oui—Non, la vie,
  N'est jolie
  Qu'embellie
Par les amours ;
  Et la femme,
  Sur mon âme,
  Est la flamme
De nos beaux jours !
  Non, la vie
  N'est jolie
  Qu'embellie
Par les amours !

Enjôleur,
Séducteur,
Sitôt que je soupire,
A l'instant, moi j'attire
Et le regard et le cœur.
Nulle belle
N'est rebelle;
Ma prunelle
Étincelle,
Ensorcèle;
Adorable vaurien,
Je suis un vrai magicien.
L'œil ardent,
La bouche fraîche,
Belle dent,
Un teint de pêche,
Muguet,
Coquet,
Dameret,
Et surtout fort discret,
Qui donc me résisterait?

Mystérieusement.

Cette charmante voisine,
A la mine
Si lutine,
Las! son pauvre cœur est pris...
Je vins, je vis...
Je vainquis!
N'êtes-vous pas, mon cher, de mon avis?

Non, la vie
N'est jolie
Qu'embellie
Par les amours;
Et la femme,
Sur mon âme,
Est la flamme
Des beaux jours!

TRACOLIN.

Eh bien, précisément, une galante affaire
M'amène ici...

DON BELFLOR.

Chez moi!...

ACTE I, SCÈNE V.

A part
Quel singulier mystère !
Il regardait ma femme !... Ah ! ça, mais, sous mes yeux,
Poursuivre un tel dessein est bien audacieux !
Avec impatience, haut.
Enfin ?...

TRACOLIN.

De mon message,
Vous désirez le motif ?... Le voilà :
Je lui disais...

DON BELFOR.

A qui ?

TRACOLIN

Mais, à Caritéa !

DON BELFLOR.

Caritéa ?...

TRACOLIN.

Femme sensible et sage...
Quoique danseuse à l'Opéra,
Pour qui je viens ici jouer le personnage
D'ambassadeur...
Vous rappelez-vous bien cet objet enchanteur ?

DON BELFLOR.

Ma foi, s'il m'en souvient, il ne m'en souvient guère...
On en voit tant !

TRACOLIN.

Alors, je vais vous faire,
Quoiqu'en l'esquissant à grands traits,
Le plus ressemblant des portraits
De sa personne et de son caractère...

ROMANCE.

PREMIER COUPLET.

Vous connaissez de ces femmes aimables,
Dont l'esprit fin sait égayer,
Par mille traits badins ou raisonnables,
Même un salon de financier ;
Sans aucun sacrifice,
Amusant la pudeur ;
A leur charme enchanteur

On cède avec délice ;
Car leur douce malice
Ne blessera jamais le cœur !

Avec un enthousiasme passionné.

Caritéa, ah ! Caritéa !

Froidement.

N'a rien de tout cela...

Très-vivement.

Mais malgré ça,
Caritéa,
J'en suis certain, vous charmera !

DEUXIÈME COUPLET.

L'été, parfois, pendant la nuit brûlante,
Vous avez rêvé, j'en suis sûr,
Une beauté céleste, ravissante,
Au corps d'albâtre, aux yeux d'azur ;
Teint de lis et de roses,
Dents du plus pur émail,
Entr'ouvrant le corail
De lèvres demi-closes...
Enfin, mille autres choses
Dont je supprime le détail...

Avec passion.

Caritéa, ah ! Caritéa !

Froidement.

N'a rien de tout cela...

Très-vivement.

Mais malgré ça,
Caritéa,
J'en suis certain, vous charmera.

Or, je lui disais donc, la trouvant éperdue,
Pour vous avoir, un jour, aperçu dans sa rue,
Où vous passez souvent, sémillant et coquet...
Soyons francs, pouvait-elle
Vous voir sans vous aimer ?....

DON BELFLOR, *avec fatuité.*

Elle ne le pouvait !...

TRACOLIN.

Or, je lui disais donc : « A ta douleur mortelle,
» O ma cousine, mets un frein !... »
Je suis son cousin, très-germain...)
» Pour rendre la paix à ton âme,

ACTE 1, SCENE V.

» Eh! bien, je le verrai, ce monstre qui t'enflamme,
» Ce tigre humain, qui se nourrit de cœurs !.... »
Vous en croquez pas mal, glouton, et des meilleurs!
« Ce...

DON BELFLOR, *l'interrompant.*

N'en dites pas davantage...
Non, je ne serais pas gentilhomme espagnol,
Si, dans l'instant, je ne prenais mon vol
Vers la colombe qui m'engage!...

TRACOLIN, *à part.*

Il a donné dans le panneau!...

DON BELFLOR, *après avoir fait quelques pas vers la porte, revient en réfléchissant.*

Permettez, cependant... il me semble, un nuage,
De cet amour, obscurcit le flambeau...

TRACOLIN, *surpris.*

Comment?

DON BELFLOR.

En vous chargeant d'un semblable message,
Vous auriez dû, je crois, l'appuyer par un gage,
Comme un billet, un cachet, un anneau...

TRACOLIN, *à part.*

Ah! diable!... (*Haut.*) C'est assez l'usage.
Je m'y conformais, en effet,
Et je vous apportais, de sa part, un billet....
Mais je l'ai perdu!...

DON BELFLOR, *à part.*

Prenons garde,
C'est un piége!... (*Haut.*) En ce cas, j'attends
Un nouvel exemplaire...

TRACOLIN, *à part, fouillant dans ses poches.*

Il attendra longtemps!...
Pas un papier!... (*Haut.*) Faut-il que l'on regarde
A ces misères, entre amants?

DON BELFLOR.

Eh! l'on fait des jaloux, mon cher, et la prudence
Recommande la défiance.
Terminons donc ici cet entretien!...

Lui montrant la porte.

Serviteur!...

TRACOLIN, *résistant, en fouillant toujours dans ses poches.*
Permettez...
DON BELFLOR, *le poussant.*
Désolé !...
TRACOLIN.
Je réclame
Contre ce procédé !... (*A part.*) La lettre de sa femme !
Oui, ma foi, c'est cela !... (*Haut.*) Tenez, je disais bien
Que vous vous emportiez pour rien ;
Je retrouve, à présent, le billet de la dame ;
Le voici !...
DON BELFLOR.
Vraiment !
TRACOLIN.
Oui, lisez...
DON BELFLOR, *lisant.*
» Jeune homme !... »
TRACOLIN.
Est-ce pour vous ?
DON BELFLOR.
Sans doute !...
TRACOLIN, *à part.*
Allons, je compte
Que sa fatuité fera passer le conte....
(*Haut.*) Eh bien ?...
DON BELFLOR, *qui a lu.*
C'est clair !
TRACOLIN.
Vous vous formalisez
Du style ?... il est ardent, la passion l'emporte !...
DON BELFLOR, *relisant et réfléchissant.*
» Faites-vous donc ouvrir ma porte
» Plutôt aujourd'hui que demain !... »
TRACOLIN.
Voulez-vous que je lui rapporte,
Afin de la calmer, un mot de votre main ?
Hein ?... puis, pour vous montrer du bonheur le chemin,
Promptement je reviens vous prendre...
DON BELFLOR.
J'y consens et j'écris... Ici, veuillez attendre...

ACTE I, SCENE VI.

Coraline paraît sous le portique, un livre à la main, sortant de la maison.

On vient! chut!... si jamais ma femme se doutait...
Quels cris!... vous devez le comprendre...
Elle est folle de moi!...

TRACOLIN.

Je le crois!... on se tait!...

SCÈNE VI.

TRACOLIN, D. BELFLOR, CORALINE.

CORALINE, *s'avançant et regardant Tracolin en dessous.*

Je ne puis lui parler !

TRACOLIN, *très-haut.*

Faites vite la lettre...

(*Coraline lève la tête et écoute.*)

D. BELFLOR, *faisant signe à Tracolin de se taire.*

Hein ?...

TRACOLIN, *de même.*

Que, pour ce marchand, vous devez me remettre.

D. BELFLOR, *comprenant.*

Je l'écris à l'instant...

A part.

C'est fort ingénieux !

Haut.

Et je vais faire de mon mieux.

(*Tracolin est à l'extrémité de la scène, à gauche; la table est placée à droite près du portique; Belflor s'est assis et écrit; Coraline est assise de l'autre côté de la table. Tandis que Belflor écrit, Tracolin a pris sa flûte; il prélude.*)

CORALINE, *à part.*

Ah ! la flûte !...

D. BELFLOR, *qui écrivait.*

Eh ! quel est ce doux murmure ?..

TRACOLIN.

C'est moi...

D. BELFLOR.

Vous ?...

CORALINE, *à part.*

Écoutons bien !

D. BELFLOR.

Vous êtes donc musicien?

TRACOLIN.

Un peu!
(Il joue l'air : La bonne aventure, au gué!)

CORALINE, à part.

L'air est de bon augure,
C'est : la bonne aventure ;
Il est content !

D. BELFLOR, se levant et allant vers Tracolin.

Eh! mais, don Belflor, sur ce point
Je crois, ne vous le cède point...

TRACOLIN.

Quoi! vraiment!

DON BELFLOR.

Sur la contre-basse,
Je m'escrime, parfois, avec assez de grâce...

TRACOLIN, à part.

Eloignons-le...

Haut.

J'aurais un plaisir sans égal
A vous entendre...

DON BELFLOR.

Hélas! l'autre soir un brutal...

Bas.

Un rival...

Haut.

Brisa...

Bas.

Dans une sérénade

Haut.

Mon instrument d'une ruade...

TRACOLIN.

Le cheval!...

DON BELFLOR, *allant prendre la guitare, sur l'appui du portique et la remettant à Coraline.*

Mais, ma femme, sur la guitare,
Possède un talent assez rare!...

CORALINE, à part.

A merveille!... lui même il fournit le moyen

ACTE I, SCÈNE VI.

De continuer l'entretien!...
Profitons-en... Oui, l'idée est bizarre!

TRIO.

CORALINE, *pinçant la guitare, et chantant avec indifférence.*
« Ah! vous dirai-je, maman! »
TRACOLIN, *à part.*
Cri de l'âme
De la femme!...
CORALINE.
« Ce qui cause mon tourment... »
TRACOLIN.
C'est lui qui cause son tourment...
CORALINE.
« Depuis que j'ai vu Sylvandre... »
TRACOLIN.
C'est moi qui suis le Sylvandre!
CORALINE.
« Me regarder d'un air tendre,
» Mon cœur dit, à chaque instant:
» Peut-on vivre sans amant?... »
TRACOLIN.
Non, non, il faut un amant!
DON BELFLOR, *se levant et allant à Tracolin.*
C'est très-bien! c'est charmant!
TRACOLIN, *à part.*
Je comprends parfaitement!
DON BELFLOR, *revenant à Coraline, qui s'est levée.*
Oui, cet air est ravissant!
TRACOLIN, *à Coraline.*
Oh! délicieux, charmant!
CORALINE, *allant à lui.*
Vous trouvez?...
DON BELFLOR.
Ah! cher enfant,
Redis ce morceau charmant...
Je veux l'entendre souvent!
TRACOLIN, *très-tendrement, regardant Coraline.*
Oui, cet air est touchant;
Son motif entraînant
Produit le sentiment
Le plus tendre!
J'aime son mouvement

Et son balancement,
Vous berçant mollement...
Il est également
Expressif, élégant...
Le cœur bat seulement
  A l'entendre!

CORALINE, *reprenant l'air, en variations.*
  « Ah! vous dirai-je, maman, etc. »
A la fin du couplet, don Belflor fait la grimace et paraît mécontent.

TRACOLIN, *transporté, applaudissant.*
Brava! brava!

DON BELFLOR.
  Non pas, vraiment!
Non, non! cela ne peut me plaire...

TRACOLIN.
Bah!

DON BELFLOR.
J'aime mieux l'autre manière...
  Ecoutez-moi seulement,
Je vais vous chanter l'air, sans aucun agrément...

TRACOLIN, *à Coraline.*
Je le crois!

CORALINE, *à Tracolin.*
Je le crois!

DON BELFLOR.
  Car c'est tout simplement...
« Ah! vous dirai-je, maman,
» Ce qui cause mon tourment... »

TRACOLIN *et* CORALINE, *reprenant successivement et se moquant de Don Belflor.*
« Ah! vous dirai-je, maman,
» Ce qui cause mon tourment!...»

DON BELFLOR.
C'est cela!

CORALINE.
  Non, vraiment,
C'est fort laid!

DON BELFLOR.
  C'est charmant!

CORALINE.
C'est fatigant, c'est assommant!

TRACOLIN, *se mettant entre eux.*
Pour vous mettre d'accord, un accommodement...,

A Coraline.

Vous, vous allez chanter, d'abord, tout simplement...
Moi, je me chargerai de l'accompagnement,
Je broderai sur l'air, chacun sera content !

DON BELFLOR, *étonné.*

Vous broderez ?...

TRACOLIN, *prenant sa flûte.*

Avec ce petit instrument !

CORALINE, *chante, Tracolin l'accompagne.*

« Ah ! vous dirai-je, maman, etc. »

TRACOLIN, *s'interrompant, à Belflor.*

Que dites-vous de mon arrangement ?

DON BELFLOR.

Parfait !

TRACOLIN.

A nous joignez-vous vivement,
Complétez l'accompagnement...

Tracolin reprend sa flûte, don Belflor fait comme s'il jouait de la contre-basse, tandis que Coraline fait des vocalises.

TRACOLIN, *s'interrompant, à don Belflor.*

Accord surprenant !
Très-bien ! parfait ! c'est à merveille !
L'on voit, maintenant,
Que vous ne manquez pas d'oreille !

DON BELFLOR.

Accord surprenant !
Ah ! quel concert intéressant !
Pour le compléter maintenant,
Retournons à notre instrument...

Reprise. — *Tracolin accompagnant les vocalises de Coraline avec la flûte, don Belflor imitant la contre-basse; tous trois transportés s'interrompant.*

ENSEMBLE.

Ah ! c'est charmant !
Ensemble ravissant !
Grâce à l'arrangement
De l'accompagnement !

DON BELFLOR, *hors de lui.*

Charmant ! charmant... Revenons au message,
Le voici. (*Bas.*) Je demande un rendez-vous.

TRACOLIN, *bas.*

Bon !... pour ne pas troubler votre ménage,
Et pour que tout reste entre nous,
Si la réponse est bonne, ainsi que je l'espère,
Je jouerai du dehors la fanfare ordinaire...

Quand on a dompté le taureau....
Il joue : La victoire est à nous.
DON BELFLOR, *avec enthousiasme.*
C'est convenu ! je connais ce morceau !...
TRACOLIN.
Soyez prêt pour votre conquête !
(*Il passe près de Coraline sans la regarder et sort.*)

SCENE VII.

CORALINE, DON BELFLOR.

CORALINE.
Votre nouvel ami n'est, vraiment, guère honnête,
Il me regarde à peine et part sans saluer....
DON BELFLOR.
Venu pour me parler d'affaires,
Devait-il donc s'évertuer
En fins propos, en courbettes légères,
Comme, à Paris, vos fats ?...
CORALINE.
C'est quelque compagnon
Ou de débauche... ou de bouteille...
On se passerait bien de visite pareille,
Qui vous aide à manger ma dot !
DON BELFLOR, *à part.*
Diable !
Haut.
Mais non !...
A part.
Détournons cet orage, où j'en ai pour une heure
Et je ne serai jamais prêt.
Haut.
Senora, donnez-moi ma veste, mon gilet.
CORALINE.
Vous sortez ?
DON BELFLOR.
Oui.
CORALINE.
Tandis que je demeure
Seule, sans cesse à la maison...

Quelque partie encor !
>DON BELFLOR.
La grande confrérie

Dont je suis...
>CORALINE.
Le doyen...
>DON BELFLOR.
Doit être réunie...
>CORALINE.

Au reste, de nier vous avez fort raison,
Car, si j'avais jamais une preuve certaine
    De votre inconduite au dehors,
Ah ! je vous en ferais porter bientôt la peine !
>DON BELFLOR.

Comment l'entendez-vous ?
>CORALINE.
J'apprendrais tous vos torts

A mon oncle l'alcade !
>DON BELFLOR, *avec impatience.*
Allons, menace vaine !

Des torts... je n'en ai pas...
>CORALINE.
Tant mieux, au premier mot
    De juste plainte,
Il nous sépare, et vous rendez ma dot.
>DON BELFLOR.

L'on ne me prendra pas aisément en défaut !
>CORALINE.

Vous vous fiez à la contrainte
Dans laquelle, sans cesse, ici vous me tenez ;
>DON BELFLOR.

Eh bien ! voyons, cette veste, donnez.
Il déboutonne sa veste, et la lettre, que Tracolin lui a remise, tombe.

DUO.

>CORALINE, *montrant le papier.*

Qu'est cela ?

>DON BELFLOR.

N'y touchez pas !

CORALINE, *ramassant la lettre.*
Je le tiens!...
    DON BELFLOR.
    Tu le rendras!...
Ce n'est rien!
    CORALINE.
    C'est une lettre!...
    DON BELFLOR.
Que l'on vient de me remettre...
    CORALINE.
De quelque femme, peut-être?
    DON BELFLOR.
Ne le pensez pas...
    CORALINE.
    Ah! traître!
J'en suis sûre, à votre embarras!
     Elle veut l'ouvrir.
  DON BELFLOR, *la retenant.*
 Tu me la rendras.
    CORALINE.
 Vous ne l'aurez pas!
    DON BELFLOR.
 Tu me la rendras!
  CORALINE, *se dégageant.*
 Laissez mon bras!...
    Ils s'éloignent l'un de l'autre.

    ENSEMBLE.

 DON BELFLOR, *à part, enrageant.*
O fatale imprudence!
Redoutons sa vengeance!
 Ce billet... s'il est lu...
Me voilà confondu!
    CORALINE, *avec joie.*
Quelle douce espérance!
L'instant de la vengeance,
 O bonheur imprévu!
Serait-il donc venu!...

    DON BELFLOR.
 Ah! je sens mon cœur
 Dévoré de fureur!
    CORALINE.
 Ah! je sens mon cœur
 Inondé de bonheur!

ACTE I, SCENE VII.

DON BELFLOR, *d'un ton patelin.*

Ma mignonne,
Toi, si bonne!
Abandonne
Ce vain soupçon!

CORALINE, *fièrement.*

Non! non! non!
Je suis bonne;
Mais personne
Ne pardonne
La trahison!

DON BELFLOR, *de même.*

Ma prière,
Je l'espère,
Saura calmer ta colère;

Cherchant à prendre le billet.

Allons, donne,
Ma pouponne,
Ce billet
Sans intérêt.

CORALINE, *fièrement.*

Je n'ai garde!
Je le garde,
Et que le ciel soit béni!
Cette preuve
Me rend veuve,
Entre nous tout est fini.

DON BELFLOR, *insistant.*

Ma mignonne!
Toi, si bonne,
Abandonne
Ce vain soupçon.

CORALINE, *le narguant.*

Je suis bonne;
Mais personne
Ne pardonne
La trahison!

A part, avec joie.

Quelle douce espérance!
L'instant de la vengeance,
O bonheur imprévu!
Serait-il donc venu?

LE TORÉADOR.

DON BELFLOR, *avec rage.*

O fatale imprudence !
Redoutons sa vengeance,
Ce billet, s'il est lu,
Me voilà confondu !

ENSEMBLE.

CORALINE, *riant.*

Ah ! ah ! ah ! je sens mon cœur
Inondé de bonheur !

DON BELFLOR, *enrageant.*

Ah ! ah ! ah ! je sens mon cœur
Dévoré de fureur.

CORALINE.

Allons, laissez-moi le lire !

Elle ouvre la lettre.

DON BELFLOR.

Arrête !

CORALINE, *reconnaissant son billet, à part.*

Ciel ! qu'ai-je vu ?
Ma lettre !

DON BELFLOR, *à part.*

Je suis perdu !

Ils sont séparés par toute la largeur de la scène, et se regardent de loin, à la dérobée.

DON BELFLOR.

Que va-t-elle dire ?
Je suis confondu !

CORALINE, *altérée.*

Monsieur voulait rire,
Oui, tout est perdu !

Ils se regardent encore en dessous, sans oser se parler, enfin, ils se rapprochent, en hésitant.

DON BELFLOR.

L'apparence...

CORALINE.

Cette offense...

DON BELFLOR.

Contre moi...

CORALINE.

A ma foi...

DON BELFLOR.

Tout m'accuse...

ACTE I, SCENE VII.

CORALINE.

Mon excuse...

DON BELFLOR.

J'aurais cru...

CORALINE.

Ma vertu...

DON BELFLOR.

Et mon âme...

CORALINE.

Et ma flamme...

DON BELFLOR.

Désormais...

CORALINE.

Non jamais...

DON BELFLOR.

Je l'assure...

CORALINE.

Je le jure...

Ils se sont tout à fait rapprochés, honteux, inclinés, suppliants; ils sont prêts à tomber à genoux l'un devant l'autre, la flûte se fait entendre et joue : La victoire est à nous. Tous deux se relèvent et écoutent.

ENSEMBLE.

DON BELFLOR, *à part, écoutant, à mi-voix.*

C'est le signal qui m'appelle!
A ma promesse fidèle,
Courons aux pieds de ma belle.
   Humble vainqueur,
    Offrir mon cœur!

CORALINE, *écoutant, à part, à mi-voix.*

Cette fanfare nouvelle,
C'est Tracolin qui l'appelle!
Oui, c'est sa flûte fidèle,
   Ah! pour mon cœur,
    Son enchanteur!

Don Belflor est prêt à partir, il s'arrête.

DON BELFLOR, *à part.*

Et ma lettre.

CORALINE, *qui l'observe, étonnée, à part.*

   Il part, je crois!

DON BELFLOR, *revenant, avec bonhomie.*

Allons, ma belle,
Cède à ma voix;
Plus de querelle.

Si tu m'en crois...
CORALINE, *étonnée, à part.*
Est-il possible!
Est-ce sa voix!
Lui, si terrible,
Cède, je crois!
DON BELFLOR.
De bonne grâce,
Que l'on efface
Jusqu'à la trace
De nos débats;
Ne le veux-tu pas?

Il saisit le billet et le déchire.
CORALINE, *stupéfaite.*
C'est qu'il efface
De bonne grâce,
Jusqu'à la trace
De nos débats;
Je n'en reviens pas!
DON BELFLOR.
En bons époux...
CORALINE.
Que dites-vous?
DON BELFLOR.
Embrassons-nous!
CORALINE.
Comme il est doux!

ENSEMBLE.

DON BELFLOR, *à part.*
Et je cours à mon rendez-vous!
CORALINE, *à part.*
Moi qui redoutais son courroux!

ENSEMBLE.

CORALINE.
Comme il est doux!
Que dites-vous?
En bons époux,
Embrassons-nous!

A part.

Moi qui redoutais son courroux!
DON BELFLOR.
Qu'en dites-vous?
Plus de courroux!

ACTE II, SCENE I.

En bons époux,
Embrassons-nous!

A part.

Et je cours à mon rendez-vous!
Don Belflor reconduit galamment Coraline étonnée à la maison, puis sort précipitamment. — Le rideau tombe.

ACTE II.

Même décor.

SCÈNE I.

CORALINE, *sortant de chez elle, en réfléchissant.*

En vain je me creuse la tête,
Je ne puis deviner d'où vient le coup de vent
  Qui, tout à l'heure, a fait si promptement
De don Belflor tourner la girouette,
Le calme plat au lieu de la tempête!
  Tout se bornerait à cela?
Ce billet, qui m'a fait une peur effroyable,
Par mon mari, réduit en morceaux, le voilà!
Et puis, sans s'expliquer, tout à coup, il s'en va,
  Comme s'il avait vu le diable...
Je craignais un chacal, je trouve... un mérinos!
Et c'est mons Tracolin qui fait un tel prodige!
Avec sa flûte... Eh! mais, *por todos los santos!*
  Ça n'est pas naturel, vous dis-je!

AIR.

Avec son petit air de ne toucher à rien,
  Ce scélérat, qui m'ensorcèle,
  Serait-il un magicien?

Riant.

  Ah! ma foi!... je le voudrais bien;
  L'aventure serait trop belle.

    Beau pays de Sylphirie,
    Temps heureux de la féerie,
    Errante chevalerie,
    Que n'existez-vous encor!

2.

Bachelette ou Damoiselle,
En péril se trouvait-elle ?
A son secours elle appelle,
Priant ou sonnant du cor !
Alors, du sein de la terre,
Ou des vastes champs de l'air,
Une voix profonde... ou claire,
Ange du ciel... ou démon de l'enfer,
Répondait à sa prière !

Voix grave et haute alternativement.

« — Ne crains rien,
» — Ne crains rien,
» A ton aide je vien !
» — Je suis ta marraine,
» Des Péris, la reine,
» — Je suis ton parrain,
» Martagon, le nain !
» — Ne crains rien !
» — Ne crains rien !
» A ton aide je vien ! »

Mais, aujourd'hui, quel triste sort !
Et la magie,
Et la féerie,
Esprit et génie,
Tout est mort !

Non !
Car la femme, sans cesse,
Par la ruse ou l'adresse,
Sera l'enchanteresse
Reine de l'univers ;
A sa grâce, à ses charmes,
Son sourire ou ses larmes,
Il faut rendre les armes
Et recevoir ses fers.

Notre sorcellerie
C'est la coquetterie ;
Un regard tendre ou fier,
C'est le ciel ou l'enfer !
Oui, la femme, sans cesse,
Par la ruse ou l'adresse,
Sera l'enchanteresse
Reine de l'univers ;

A sa grâce, à ses charmes,
Son sourire ou ses larmes,
Il faut rendre les armes
Et recevoir ses fers.

SCÈNE II.

CORALINE, TRACOLIN.

Tracolin a paru sur un arbre, dans le jardin voisin, à la dernière reprise de l'air. Lorsque Coraline finit, il se trouve devant elle, à genoux.

TRACOLIN.

Ah ! depuis trop longtemps, Syrène, je les porte
　　Tes fers adorés...

CORALINE.

　　Vous ici !
Comment avez-vous pu vous introduire ainsi ?
　　Qui vous a donc ouvert la porte ?

TRACOLIN.

La porte ! on la dédaigne, et franchir votre mur
Me paraît à la fois plus galant et plus sûr...
Je suis donc près de vous ! je vous vois ; je vous touche...

CORALINE.

Mais un peu plus loin, s'il vous plaît !

TRACOLIN.

Je puis vous parler de ma bouche,
Sans employer ce flageolet.
Que j'ai de choses à vous dire !
Depuis la foire Saint-Germain,
Où de ma liberté vous fîtes le larcin....

AIR.

Dans vos regards, cherchant à lire,
　　Vos cadences de rossignol,
Je les compromettais par mon fatal délire :
Oubliant le becarre, assassin du bémol,
Quand vous chantiez en la, moi je soufflais en sol.

Dans une symphonie,
Combien est dangereux,
Pour la bonne harmonie,

Un flûtiste amoureux !
C'est un être bien dangereux...

Car toute clef m'était indifférente,
Hormis celle de votre cœur.
Le triple croche était trop lente,
Au gré de ma bouillante ardeur,
Le chef, en vain, de l'archet, de la tête,
Et de la voix, me dit : Adagio !
Je vais toujours, rien ne m'arrête,
Soufflant *presto, prestissimo,*
Prestissimo, prestissimo...
Quel trouble-fête !
Je dérangeais tous les morceaux,
Tant c'était faux !

Dans une symphonie,
Combien est dangereux,
Pour la bonne harmonie,
Un flûtiste amoureux !

Ce n'est pas tout ! autre mésaventure,
De gros soupirs, qui n'étaient pas notés,
S'engouffrant dans mon embouchure,
Changeaient les *pianos* en *fortés.*
Si l'on chante le doux murmure
Ou du zéphir ou du ruisseau :
Piano, piano, piano, pianissimo.
Hou ! hou ! hou ! hou ! c'est le torrent,
C'est l'ouragan, le sifflement,
Le grincement, le tremblement !
Convenez-en, là, franchement...

Dans une symphonie,
Rien n'est plus dangereux,
Pour la bonne harmonie,
Qu'un flûtiste amoureux !

CORALINE.

Vraiment ! je le sais bien.

TRACOLIN.

Las de mes faux accords,
On me pria de demeurer... dehors.

CORALINE.

Pauvre garçon !

TRACOLIN.
    Que m'importait alors!
Loin de mes yeux vous vous étiez bannie;
Je dus vous suivre...
CORALINE.
        Mais vous étiez engagé?...
TRACOLIN.
Fifre, c'est vrai, troisième compagnie,
Aux grenadiers du roi... Je partis sans congé.
CORALINE.
Vous avez déserté?
TRACOLIN.
        Pour courir sur vos traces,
Que n'aurais-je pas fait ? Je vous découvre, enfin;
Mais mariée, hélas ! avec un aigrefin,
    Qui, se croyant pourvu de mille grâces,
      Vous abandonne nuit et jour,
Et va, sous les balcons, faire le troubadour!
CORALINE.
Je m'en doutais!... Connaissez-vous l'infante
    Chez laquelle ce monsieur va?
TRACOLIN.
Pardieu ! Caritéa...
CORALINE.
        Comment ! qu'est-ce que ça?
TRACOLIN.
Caritéa?... c'est un figurante,
Que l'on place à l'effet, au fond, au dernier rang!
Elle est âgée, au plus, de vingt ans... de service;
    Une éternelle jaunisse
Lui donne, à la chandelle, un teint du plus beau blanc...
CORALINE, *l'interrompant.*
    L'horreur ! avec moi venez vite
    Chez mon oncle Caramanchel,
TRACOLIN.
    Votre oncle Caraman?...
CORALINE.
              Chel!
L'alcalde! afin d'attester l'inconduite
    De cet infâme criminel !...

TRACOLIN.
Je le voudrais; mais votre porte est close,
Et je n'ai pas la moindre clef....

CORALINE.
Ni moi!...

TRACOLIN.
Vous ne voulez pas, je suppose,
Franchir le mur?...

CORALINE.
Non, ma foi!...

TRACOLIN.
D'ailleurs, à vous parler sans feinte,
Tous deux ensemble, aller déposer une plainte
Peut vous compromettre....

CORALINE.
En effet!
Mais, pour agir, comme vous l'avez fait,
Quelle était donc votre pensée?

TRACOLIN.
Pénétrer sûrement la conduite insensée
De votre détestable époux;
Et puis arriver jusqu'à vous
Pour vous la dévoiler, vous la faire connaître;
Afin que vous puissiez dire, en face, à ce traître,
Avec une juste fierté:
— « Tyran, vous n'êtes plus mon maître,
« Et je reprends ma liberté!... »

CORALINE.
Mais le fourbe niera...

TRACOLIN.
Peut-être!...
Alors, vous lui raconterez
Les détails de la matinée,
Passée avec sa Dulcinée;
Par moi, bientôt vous les saurez...
S'ils ont fait une promenade,
Je vous offrai le *Fandango*.

CORALINE.
Très-bien!

ACTE II, SCENE III.

TRACOLIN.
Ont-ils pris, sur le cours, glaces ou limonade ?
La Cachucha!...

CORALINE.
Je le retien !...

TRACOLIN.
Et s'ils ont fait, enfin, quelque folie,
Je vous joûrai celles d'*Espagne*...

CORALINE.
Bon !...
Et moi, votre tâche accomplie,
Je saurai bien le mettre à la raison !...

TRACOLIN.
De tous vos avantages, forte,
Hardiment menacez de l'oncle *Caraman*...

CORALINE.
Chel !

TRACOLIN.
Chel, si vous voulez ; ouvrez même la porte,
Pour aller dénoncer l'exécrable tyran ;
Je serai là....

CORALINE.
Silence !... on marche, j'en suis sûre,
L'on met la clef dans la serrure...
Fuyez... oui, c'est lui... je l'entends.

TRACOLIN, *remontant sur le mur.*
De voir Caritéa, je n'ai pas eu le temps !

CORALINE.
Je n'aurai rien à dire !...

TROCALIN.
Infortunés, nous sommes
Dans un furieux embarras !
O bienheureux hasard, cher patron des grands hommes,
Ne nous abandonne pas !

Il disparaît.

SCÈNE III.

CORALINE, DON BELFLOR, *entrant.*

DON BELFLOR, *à part.*
Caritéa, d'honneur, est une femme aimable ;
Et je viens de passer un moment agréable !

CORALINE, *regardant Belflor qui se pavane.*
Mais voyez donc cet air vainqueur et triomphant !
DON BELFLOR, *l'apercevant.*
Ma femme !... attention ! faisons le bon enfant...
CORALINE, *allant à don Belflor et le faisant tourner de son côté.*
D'où venez-vous ?
DON BELFLOR.
Moi ?... de ma confrérie !...
CORALINE.
Vous mentez !...
DON BELFLOR, *stupéfait.*
Hein !....
CORALINE, *marchant à lui.*
Hypocrite ! imposteur !...
DON BELFLOR.
A moi, ces noms !... pourquoi donc, je vous prie,
Attaquer ainsi mon honneur !...

DUO.

CORALINE.
Oh ! tremblez, tremblez, tremblez !
D'un mot je puis vous confondre ;
En vain vous dissimulez,
Vous n'aurez rien à répondre !
Oui, tremblez, tremblez, tremblez !

DON BELFLOR.
Oh ! parlez, parlez, parlez !
L'on saura bien vous répondre ;
Dites ce que vous voulez,
D'un mot je vais vous confondre ;
Oui, parlez, parlez, parlez !

CORALINE.
Je lis au fond de votre âme,
Bientôt vous allez pâlir !

DON BELFLOR.
De pareils soupçons, madame !
Vous devriez en rougir !
Mais parlez ! parlez ! parlez !
L'on saura bien vous répondre ;
Dites ce que vous voulez,
D'un mot je vais vous confondre...
Oui, parlez ! parlez ! parlez !

ACTE II, SCENE III.

CORALINE.
Oui, tremblez! tremblez! tremblez!
D'un mot je puis vous confondre!
En vain vous dissimulez,
Vous n'aurez rien à répondre!
Oui, tremblez! tremblez! tremblez!

DON BELFLOR.
Voyons ce mot terrible et qui m'accablera?

CORALINE.
Caritéa!

DON BELFLOR, *troublé*.
Caritéa!

CORALINE.
Figurante à l'Opéra!

DON BELFLOR, *troublé*.
Figurante à l'Opéra!...

CORALINE.
Eh! vous pâlissez déjà!

DON BELFLOR.
Que veut dire cela?

Furieux.

Senora!... Senora!...
Pour troubler mon ménage,
Quelqu'un dans ma maison,
S'est introduit, je gage;
Mais j'en aurai raison!

CORALINE.
Ce trouble, ce langage,
Prouvent la trahison!
A quoi bon cette rage,
Si je n'ai pas raison?

DON BELFLOR.
Pour déjouer les traîtres
Il est des moyens sûrs:
On grille les fenêtres,
On élève les murs!

CORALINE.
Vous seul êtes le traître,
Et j'ai des moyens sûrs
Pour tout voir, tout connaître,
Si hauts que soient vos murs!

DON BELFLOR.
Vous?

3

CORALINE.
Moi !
DON BELFLOR.
Vous ?
CORALINE.
Moi !

DON BELFLOR, *avec une ironie affectée.*
C'est donc par la magie ?
Par la sorcellerie ?
Vraiment, je meurs d'effroi !

CORALINE.
Ce n'est pas par magie,
Ni par sorcellerie...
C'est plus sûr, croyez-moi !

DON BELFLOR.
Vous ?
CORALINE.
Moi !
DON BELFLORE.
Vous ?
CORALINE.
Moi !

DON BELFLOR, *vivement, lui prenant la main.*
Une preuve, et je crois...

CORALINE, *à part.*
Je suis prise, ma foi !

DON BELFLOR, *avec impatience.*
Eh bien ?...

CORALINE.
Eh bien...   Que lui dire ?
A part.
Haut.

Désireuse de m'instruire...
De l'objet qui vous attire...
A l'étude j'avais recours...

DON BELFLOR, *avec colère.*
Enfin !...

CORALINE.
Enfin...
Ne sachant plus que dire, elle se tait. — La flûte de Tracolin se fait entendre. — A part, avec joie.
Il vient à mon secours !

Fièrement.
Dans les cartes, j'appris à lire

ACTE II, SCÈNE III.

Passé, présent, avenir !
DON BELFLOR, *riant.*
Ah ! quelle admirable science !
Je suis curieux d'en jouir !
CORALINE.
Vous en voulez l'expérience,
Ecoutez, vous allez frémir !

Tracolin joue : le Fandango, Coraline arrange sur la table un jeu de cartes qu'elle a tiré de sa poche.
CORALINE, *à part.*

Douce harmonie,
Ta mélodie
Me rend la vie
Avec l'espoir !
Oui, ma vengeance
Déjà commence...
Il est, je pense,
En mon pouvoir !
DON BELFLOR.

Quelle folie !
Cette magie
Je la défie,
Je veux la voir !
Moins d'assurance,
Tant de science,
N'est pas, je pense,
En ton pouvoir !
CORALINE, *montrant une carte.*

Voici la femme
Qui vous enflamme ;
C'est cette dame
  De cœur !
DON BELFLOR, *à part.*
J'ai presque peur !
CORALINE.

A cette reine,
Pour qu'on la mène
Et la promène,
Un serviteur...
C'est vous !
DON BELFLOR.

Moi ?...

CORALINE.
> Le valet de cœur !

DON BELFLOR, *effrayé.*

Tu croirais...

CORALINE.
> Chevalier d'honneur...
> Voyez, voyez, charmant vainqueur,
> Quel est votre bonheur !

Tracolin joue : la Cachucha. Coraline écoute, bat les cartes et les arrange.

> Mais la promenade
> Est fade
> Et le poids du jour
> Est lourd ;
> Après quelques tours
> Sur le cours,
> On va prendre une limonade...

DON BELFLOR, *à part, stupéfait.*

> Satan vient-il à son secours ?
> Cessez, je vous prie
> Cette jonglerie...

CORALINE.
> Non pas, jusqu'au bout
> Je vous dirai tout !

Coraline continue. Tracolin joue : les Folies d'Espagne.

CORALINE.
> Dieu ! qu'ai-je vu !

DON BELFLOR.
> Je frémis !

CORALINE.
> Quoi ! l'infâme !
> Vient, à ses pieds, de trahir son serment !

DON BELFLOR, *tombant à genoux, atterré.*

> Je suis perdu !... Pardon, pardon, ma femme !

CORALINE.
> Vous pardonner ?... après le châtiment !

La flûte cesse.

DON BELFLOR, *se relevant.*

A part.
> Vraiment
> C'est étonnant !

ACTE II, SCENE III.

Un talent
Aussi grand,
Me confond, me surprend!

A Caroline.

Ah! devant
Ton talent,
Tremblant,
Repentant,
Je m'incline à présent!

CORALINE, *à part.*

Vraiment
C'est étonnant
Comme à mon talent
Il croit bonnement!

A Don Belflor.

Ah! devant
Mon talent,
Trop tard repentant,
On s'incline à présent!

Je cours,
De vos amours
Porter plainte à l'alcade!

DON BELFLOR.

Pardon!
Arrête donc!
Quoi! pour une escapade...

CORALINE.

Je veux
Rompre des nœuds
Désormais détestables!

DON BELFLOR.

Un mot...
Bats-moi plutôt...

A part.

Et conservons la dot!

REPRISE ENSEMBLE.

DON BELFLOR.
Vraiment,
C'est étonnant!
Un talent
Aussi grand

Me confond, me surprend !
Ah ! devant
Ton talent,
Tremblant,
Repentant,
Je m'incline à présent !

CORALINE.
Vraiment,
C'est étonnant !
Comme, à mon talent,
Il croit bonnement !
Ah ! devant
Mon talent,
Trop tard repentant,
On s'incline à présent !

Malgré les supplications de Belflor, elle gagne la porte elle l'ouvre, comme pour sortir. Tracolin paraît.

SCENE IV ET DERNIERE.

TRACOLIN, CORALINE, DON BELFLOR.

FINALE.

TRACOLIN.
Bonjour ; c'est moi !

DON BELFLOR.
Vous voici !
Entrez donc !

TRACOLIN.
Je vous dérange ?

DON BELFLOR.
Au contraire...

TRACOLIN.
Mais, qu'entends-je ?
Se querelle-t-on ici ?
Deux époux !... Ah ! c'est étrange !

ENSEMBLE.

DON BELFLOR.
Vous allez juger ceci...

CORALINE.
Oh ! je le veux bien aussi !

ACTE III, SCÈNE IV.

TRACOLIN.
Qui vous trouble donc ainsi ?
Très-vite.

CORALINE.
C'est un infidèle !

TRACOLIN, *à Belflor.*
Eh quoi ! saurait-elle ?...

DON BELFLOR, *bas.*
Elle a tout appris !

TRACOLIN, *de même.*
Oh ! grand Dieu ! tant pis !

CORALINE.
Pour toujours je quitte
Sa maison maudite ;
Ma dot me suivra !

DON BELFLOR.
Ah ! retenez-la !

TRACOLIN, *retenant Coraline.* — *Très-piano.*
Un peu d'indulgence,
Pour son inconstance...
S'il fait pénitence,
Il faut pardonner...

DON BELFLOR, *un peu plus fort.*
Un peu d'indulgence !
Un peu de clémence !
A mon inconstance
Daigne pardonner !

CORALINE, *un peu plus fort.*
Non, point d'indulgence,
Non, point de clémence !
Après cette offense
Je dois m'éloigner !

ENSEMBLE, *criant tous.*

TRACOLIN.
Un peu d'indulgence, etc.

DON BELFLOR.
Un peu d'indulgence, etc.

CORALINE.
Non, point de clémence, etc.

TRACOLIN, *à tue-tête.*
Silence !

CAROLINE *et* BELFLOR, *piano.*
Silence !
　　　TRACOLIN, *à Belflor.*
Vous, ferez-vous le serment
D'être désormais plus sage ?
　　　DON BELFLOR.
Oh ! je promets par serment
D'être désormais bien sage !
　　　CORALINE.
J'accepterais son serment ;
Mais il me faudrait un gage...
　　　TRACOLIN, *avec dévouement.*
Eh bien, je serai son garant !
Et je reste en otage !
　　　DON BELFLOR.
Il sera mon garant !
　　　CORALINE.
Vous serez son garant...
　　　TRACOLIN.
Je serai là sans cesse,
Rappelant sa promesse...
　　　DON BELFLOR, *suppliant.*
Il sera là sans cesse
Garant de ma promesse...
　　　CORALINE, *tendrement.*
Vous serez là sans cesse ?
J'en reçois la promesse...
DON BELFLOR, *tombant à genoux d'un côté de Coraline et prenant sa main*
Par votre main, que je presse...
　TRACOLIN, *à genoux, de l'autre côté, et lui baisant la main.*
Par cette main que je presse...
　　　DON BELFLOR.
Allons, cédez à nos vœux...
　　　TRACOLIN.
Oui, rendez-vous à nos vœux !
　　　CORALINE.
Ah ! voyez comme je suis bonne...
Ici, je veux
Combler vos vœux !
Je vous pardonne !
Relevez-vous tous deux...
Soyez heureux !

DON BELFLOR, *à Tracolin, lui serrant la main.*
>Merci, merci,
>Agir ainsi
>C'est d'un ami !

TRACOLIN, *de même.*
>De rien, de rien !
>Moi, je ne veux que votre bien !

DON BELFLOR, *gaîment.*
>Désormais,
>Dans notre ménage,
>Plus de guerre, plus d'orage ;
>Et jamais
>Le moindre nuage
>N'en viendra troubler la paix !

CORALINE.
>Grâce à lui, tous trois d'accord,
>Nous pourrons donc redire encor
>Cet air charmant,
>Qui vous plaît tant !

DON BELFLOR, *gravement.*
>Oui, j'y donne mon agrément !

ENSEMBLE.

TOUS TROIS, *en variations.*
>Ah ! vous dirai-je, maman,
>Ce qui cause mon tourment !
>Depuis que j'ai vu Sylvandre
>Me regarder d'un air tendre...
>Mon cœur dit à chaque instant :
>Peut-on vivre sans amant ?...

FIN.

Typographie Dondey-Dupré, rue Saint-Louis, 46, au Marais.

www.ingramcontent.com/pod-product-compliance
Lightning Source LLC
Chambersburg PA
CBHW070714050426
42451CB00008B/642